AF259633

IK 9 64

LETTRE

DES CITOYENS DE COULEUR,

DES ISLES ET COLONIES FRANÇOISES;

A MM. les Membres du Comité de Vérification de l'Assemblée Nationale.

Du 23 Novembre 1789.

LETTRE

Des Citoyens de Couleur, des Isles & Colonies Françoises,

A MM. les Membres du Comité de Vérification de l'Assemblée Nationale.

MESSIEURS,

L'Assemblée-Nationale vous a renvoyé l'Adresse, les Mémoires, les Piéces & les Demandes des Citoyens de Couleur, des Isles & Colonies Françoises. Vous devez, incessamment, en faire l'examen & le rapport. Quelque confiance que nous ayons dans vos Lumières, & sur-tout dans votre Justice & votre Humanité, nous croyons devoir vous soumettre encore quelques Réflexions, non pas sur le fond de l'Affaire, elle n'en est pas susceptible ; mais sur la Forme de la Réunion des Citoyens de Couleur, ainsi que sur l'Election & la Présentation de leurs Députés.

A

Nous difons, Meffieurs, que le Fond de l'Affaire, l'Objet le plus important pour les Citoyens de Couleur, n'eft plus fufceptible de réflexions ; car, indépendamment du Principe qui réfide dans tous les cœurs, excepté, peut-être, dans celui des Colons-Blancs, la queftion eft jugée ; & il ne s'agit plus que de faire l'application de la Loi.

L'Affemblée-Nationale a décrété, & le Roi a folemnellement reconnu,

« 1º Que tous les hommes *naiffent & demeurent libres & égaux en Droits* ;

» 2º Que la Loi eft l'expreffion de la Volonté générale, & *que tous les Citoyens ont le droit de concourir, perfonnellement ou par leurs Repréfentans, à fa formation* ;

» 3º Enfin, que *chaque Citoyen a le Droit, par lui ou par fes Repréfentans, de conftater la néceffité de la Contribution Publique, & de la confentir librement* ».

Avant ces trois Décrets, les Citoyens de Couleur auroient invoqué les Droits imprefcriptibles de la Nature, ceux de la Raifon & de l'Humanité. Aujourd'hui, Meffieurs, ils atteftent votre Juftice ; ils réclament l'exécution de vos Décrets.

François, Libres & Citoyens, ils font, quoi qu'en difent leurs Adverfaires, *les égaux* de ceux qui, jufqu'à ce moment, n'ont ceffé de les opprimer.

François & Jufticiables, ils ont, comme le refte des Citoyens, le *Droit de concourir à la formation de la Loi qui doit les régir*; de cette Loi dont ils feront inconteftablement *les Soutiens, l'Objet & les Organes*.

Enfin, *Citoyens & Contribuables*, ils ont, comme tous les Membres de l'Empire, le *Droit inhérent à cette qualité*, de CONSTATER la néceffité de la *Contribution Publique*, & de la CONSENTIR *librement*.

Ces Principes, puifés dans la Loi Conftitutionelle de l'Etat, ferviront de bâfe au Jugement que vous allez préparer. Il eft impoffible que l'Affemblée - Nationale s'en écarte. Ses Décrets font précis; ils doivent être exécutés. La Couleur, non plus que le Préjugé, ne peuvent en altérer, en modifier les conféquences. *Les Droits de l'homme, les Droits du Citoyen*, s'éléveront toujours au-deffus des vaines Confidérations; leur régne a cessé : & nous sommes encore à concevoir comment il peut se trouver des Esprits assez pervers, des Citoyens assez mal intentionnés pour chercher à les faire revivre.

Les Citoyens de Couleur ne craignent donc pas les efforts impuissans des Ennemis, que l'Amour-propre & la Cupidité pourroient leur susciter. La Loi Constitutionelle de l'Etat leur est un Garant assûré du succès qn'ils doivent obtenir. L'Assemblée des Légiflateurs François ne peut point hésiter ; elle ne sauroit varier dans ses Principes.

Cependant, Messieurs, on fait aux Citoyens de Couleur, deux Objections qui méritent d'être examinées.

PREMIÈRE OBJECTION.

« On prétend que les Colonies, ayant presque toutes des Députés à l'Assemblée-Nationale, elles font suffisamment représentées. On observe que, dans les Contrées sur-tout, comme S.-Domingue, la Martinique, la Guadeloupe, où l'on n'a jamais connu la diſtinction d'Ordres, qui régnoit en France; où, comme le diſoient les prétendus Commiſſaires de S.-Domingue (lorſqu'ils diſpoſoient à leur gré de cette importante Colonie, lorſqu'ils avoient le courage de haſarder, à cet égard, toutes les allégations qui paroiſſoient lés plus favorables à leur cauſe), " les » Habitans ſont TOUS *Propriétaires*, TOUS » *égaux*, TOUS *Soldats*, TOUS *Officiers*, TOUS *Nobles* ". Il importe peu dans quelle claſſe les Députés ayent été choiſis (1).

Vous connoiſſez, Meſſieurs, cette pre-mière Objection, & vous y avez répondu d'avance.

Sans doute la diſtinction d'Ordres n'exiſ-toit pas dans nos Colonies; &, ſous ce point de vue, les prétendus Com-miſſaires de S.-Domingue pouvoient avoir raiſon, *lorſqu'il s'agiſſoit uniquement d'élire*,

---

(1) Voyez cette foule d'Ecrits que les prétendus Com-miſſaires de S.-Domingue ont fait paroître pour parvenir à leur admiſſion. *Voyez* ſur-tout leur *Lettre* au Roi, du Mois d'Août 1788.

comme ils l'ont fait, *les Députés des Colons Blancs.*

Mais, s'il n'existoit pas une distinction d'Ordres, il y avoit, & il existe encore, à la honte de l'Humanité, *une distinction de Classe.*

D'abord, on ne rougissoit pas de mettre entièrement à l'écart, & d'abaisser au nombre des bêtes de somme, ces milliers d'Individus qui sont condamnés à gémir sous le poids honteux de l'esclavage.

Ensuite, on faisoit une grande différence entre les Citoyens de Couleur affranchis & leurs Descendants, à quelque dégré que ce fût, & les Colons Blancs.

Ceux-ci, coupables encore de l'esclavage qu'ils ont introduit, qu'ils alimentent, qu'ils perpétuent, & dont ils ont cependant la barbarie de faire un crime irrémissible aux Citoyens de Couleur, ceux-ci, disons-nous, étoient seuls dignes de l'attention du Corps Législatif; aussi vous avez vu, Messieurs, *qu'ils n'ont agi, qu'ils ne se font présentés que pour les Blancs.* Ils vous ont donné un apperçu de leur Origine, de leur Population , de leurs Services , de leurs Droits , nous dirions presque de leur excellence ; mais , dans aucun cas , dans aucune circonstance , ils ne vous ont parlé des Citoyens de Couleur , *ils leur en ont constamment refusé la qualité* ; jamais ils ne les ont considérés comme ayant des Droits à la Représentation ; on n'a pas même pensé qu'il fût possible de les y appeller : les Infortunés ! ils n'étoient ni *Ducs* , ni *Comtes* , ni *Marquis* , ni *Chevaliers* (1) ; ils n'avoient pas même de prétentions à la Noblesse. *Ils font Hommes* , c'est leur unique titre ; & les Blancs , qui se faisoient auprès de l'Af-

____

(1) Remarquez la liste des prétendus Commissaires de S.-Domingue.

Sur *neuf* , il y a DEUX DUCS , DEUX COMTES , TROIS MARQUIS , UN CHEVALIER & UN GENTIL-HOMME. Quelle heureuse égalité ! quelle admirable Représentation pour une Colonie composée de Négociants & de Planteurs ! Pour faire disparoître la distinction des Rangs , chacun prend celui qui lui convient ; il se décore du titre qui le flatte. Il n'y a que l'*Homme de Couleur* , s'il faut en croire ses généreux Adversaires , qui ne doive avoir ni Rang , ni Place , ni Titre , ni Qualité ! les humiliations & le mépris ; voilà son lot.

semblée Nationale un mérite de l'égalité, qu'ils suppofoient encore exiftante dans la Colonie, n'avoient garde de defcendre juf-qu'à eux.

Cette circonftance n'a pas échapé à l'Af-femblée nationale, & vous-vous rappellerez, Meffieurs, que lorfque les Députés de S.-Domingue furent admis, on parla de cette claffe, au nom de laquelle nous-nous pré-fentons aujourd'hui ; qu'il y eut en fa fa-veur une réclamation & des obfervations qui prouvèrent que l'Affemblée lui refervoit une place, & que, lorfque les Citoyens de Couleur fe préfenteroient, ou ne pour-roit pas leur oppofer l'admiffion des Colons blancs.

Nous en trouvons encore la preuve dans le rapport du Comité de vérification, en faveur de l'Ifle de S.-Domingue.

Parmi les raifons que donnoient ceux des Membres du Comité, qui penfoient qu'il falloit accorder 12 Députés à cette Colo-nie, on voit « qu'ils s'appuyoient fpéciale-» ment fur ce qu'il n'y avoit que 40,000 » Habitans dans l'Ifle, *& que les Efclaves &*

» *GENS DE COULEUR NE POUVOIENT*
» *PAS ÊTRE COMPTÉS*, puisque les uns
» n'avoient rien à défendre, *ET QUE LES*
» *AUTRES N'AVOIENT PAS ÉTÉ APPELLÉS*
» *A LA NOMINATION DES DÉPUTÉS* ».

Ce que nous disons, par rapport à St.-
Domingue, s'applique avec la même force
à celles des Colonies qui ont obtenu l'honneur d'une représentation. *Les Députés* de
la *Guadeloupe* & de la *Martinique ne font*,
comme ceux de S.-Domingue, *que les Députés des Blancs. LES BLANCS SEULS LES
ONT NOMMÉS.* Nous lisons encore, dans
le rapport de la Guadeloupe, page 39,
« que les Gens de Couleur n'ont pas été
» appellés à la nomination des Représen-
» tans, & qu'ils ne doivent pas entrer en
» ligne de compte ».

Nous sommes donc, Messieurs, recevables
& fondés à nous préfenter. L'Objection
résultante de l'admission des Blancs, ne
peut donc pas nous être opposée ; & ce
feroit vainement qu'on chercheroit à s'en
faire contre les Citoyens de Couleur, un
titre qui tourneroit entièrement à leur

avantage. Il ne seroit pas juste, en effet, que les Députés des Blancs, qui sont les Oppresseurs, &, nous ne pouvons pas vous le dissimuler, les Ennemis naturels des Citoyens de Couleur, fussent encore chargés de les Représenter, de stipuler, de défendre leurs intérêts. Ce n'est pas sur eux que nous devons nous reposer du soin de déterminer les bases de la Constitution qui fixera désormais les Rangs, les Droits & les Prérogatives de la Classe la plus nombreuse, la plus infortunée, & cependant la plus utile des Colonies.

SECONDE OBJECTION.

Vaincus sur cette première partie de leur système, réduits au silence, forcés de convenir que les Citoyens de Couleur doivent être représentés, les Députés des Colons Blancs se retrancheront dans leur seconde Objection : « A défaut de » moyens, ils auront recours à la Forme; » ils critiqueront notre Assemblée, le mode » de nos Elections; ils soutiendront que » nous ne sommes pas les Représentans des

» Colonies ; que , n'étant pas valablement
» Elus, nous ne pouvons pas être admis,
» & qu'il faut nous renvoyer à une Assem-
» blée Coloniale ».

Voilà, sans doute , Messieurs, l'Objection la plus spécieuse que nos Adversaires puissent nous opposer ; mais cette Objection disparoîtra devant les Observations que nous allons vous proposer.

D'abord, il faut bien considérer qu'il n'en est pas de la position des Colonies , ainsi que l'ont très-bien observé les prétendus Commissaires de S.-Domingue dans les différentes brochures qu'ils ont publiées , comme de la Métropole.

En France, les Communications sont toutes promptes & faciles : elles font , au contraires, lentes & difficiles avec les Colonies ; & tandis qu'on employeroit un temps précieux à demander , à solliciter des ordres , à les donner, à les faire exécuter, à provoquer des Assemblées, à préparer les objets de demande , à les discuter, à les rédiger, à nommer des Députés, à les envoyer en France, la première session de l'Assemblée-Nationale tendroit à sa fin ; la Constitution seroit achevée, & les Citoyens de Couleur recevroient des Loix auxquelles ils n'auroient pas concouru ; ils supporteroient des Impôts dont ils n'auroient pas constaté la nécessité, dont ils n'auroient pas consenti la répartition.

Ces moyens présentés, avec succès, d'abord par les Colons Blancs de S.-Domingue, avant même que l'Assemblée-Nationale fut constituée, & tout récemment par les Colons de la Martinique & de la Guadeloupe, ne seront pas inutilement invoqués par les Citoyens de Couleur. S'il pouvoit y avoir une exception, elle devroit être à leur avantage, puisqu'ils se sont présentés beaucoup plus tard, & QU'ILS ARRIVENT AU MOMENT *où l'Assemblée va s'occuper de leur Constitution.*

L'intention manifestée des Représentans de la Nation a toujours été de voir, d'entendre toutes les parties intéressées, de les rapprocher les unes des autres, de conserver les droits de tous les Citoyens, de les admettre tous à la représentation qui leur est due.

En second lieu, comment pourroit-on blâmer les Citoyens de couleur de ne s'être pas réunis dans les Colonies ? De n'avoir pas formé ces Assemblées primaires, auxquelles tous les Citoyens sont admis, & dans lesquelles on peut recevoir & donner tous les pouvoirs nécessaires pour constituer un Représentant légal ?

Vous n'ignorez pas, Messieurs, que les Lettres de Convocation, pour la formation des Etats-Généraux, n'avoient pas été adressées dans les Colonies ; que, non-seulement, on n'y avoit point indiqué, qu'il ne s'y étoit pas formé d'Assemblées primaires ; *mais que, par les Loix anciennes, par les Loix encore existantes, il étoit défendu, sous les peines les plus sévères, de les provoquer.*

Vous savez que cette défense *générale* dans toutes les Colonies, *universelle* pour tous les Habitans, étoit encore plus expresse pour les Citoyens de Couleur ; que toute Assemblée, toute espéce de réunion de leur part étoient, & sont encore répu-

tées & punies comme un attroupement.
Mais, ce que vous ignorez, peut-être,
ce dont votre juſtice ne pourra qu'être
indignée ; c'eſt que, peu contents de
livrer à la rigueur des loix, les Citoyens
de Couleur qui ſont accuſés, ou même qui
paroiſſent ſuſpects ; de les ſoumettre à la
juſtice des Tribunaux, *qui ne ſont, & qui
ne peuvent être compoſés que de leurs pareils,*
les Blancs s'érigent en vengeurs des délits
qu'il leur plait de ſuppoſer : les vóyes de
fait leur ſont permiſes, & les Citoyens de
Couleur, victimes de leur zèle & de leur
dévouement pour la Choſe Publique, auroient été, dans cette circonſtance, expoſés
à périr ſous les coups, que leurs cruels op-
preſſeurs auroient jugé à propos de leur
porter (1).

Il a donc fallu renoncer, juſqu'à ce qu'il
ſe fut introduit un nouvel ordre de choſes,
à toutes Aſſemblées, à toutes réunions

____

(1) On ſent bien que nous ne parlons ici que de l'abus.
Dans quelques mains qu'elles repoſent, les Loix ne per-
dent rien de leur ſaint caractère ; mais, dans les Colonies,
l'exécution en eſt excluſivement dévolue aux Blancs ; & l'ex-

partielles dans les différentes Colonies; il a fallu céder à la nécessité.

Mais étoit-il juste de renoncer également aux réclamations légitimes, que les Citoyens de Couleur font dans le cas de former, & plus encore au succès qu'elles doivent avoir?

Il y auroit de la barbarie à le supposer; & ces préjugés affreux, dont les Citoyens de Couleur se plaignent avec tant d'amertume, seroient peut-être moins affligeants, que le refus désespérant d'une admission à laquelle ils ont autant de droits que leurs Concitoyens.

Au surplus, à défaut de ces Assemblées primaires & locales, à défaut d'une réunion Coloniale qu'il ne leur a pas été possible de provoquer, les Citoyens de Couleur, nouvellement arrivés & résidant actuellement en France, se sont rapprochés, pour s'occuper de leurs intérêts; ils se sont réunis dans le cabinet, sous la présidence d'un

---

périence n'a que trop appris qu'elles sont presque toujours muettes & sans vigueur, lorsqu'il s'agit de punir les excès des Blancs envers les Citoyens de Couleur.

Citoyen revêtu d'un caractère public ; ils étoient, & ils font encore affez nombreux. Ils ont délibéré, ils ont rédigé des cahiers, ils ont offert une partie de leur fortune, & *ils réaliferont inceffamment leurs offres* ; ils ont élu des Députés, & ils les préfentent à l'Affemblée-Nationale.

Cependant les calomnies de leurs ennemis font parvenues jufqu'à eux ; » ils ont publié » que l'Affemblée des Citoyens de Couleur » étoit tout au plus compofée de douze » perfonnes, que les autres fignatures étoient » ou *furprifes*, ou *fuppofées* ».

Pour écarter, pour diffiper ces bruits injurieux, les Citoyens de Couleur ont appellé dans leur affemblée, un *Notaire* du Châtelet, & ils ont réitéré, en fa préfence, dans un acte autentique, tous les articles de leurs délibérations. Nous vous prions de vouloir bien l'examiner.

Vous y trouverez tout ce que les Citoyens de couleur avoient configné dans leurs premiers Procès-verbaux ; vous y remarquerez l'unanimité des fentimens & des opinions, l'offre généreufe & volontaire du don pa-
triotique

triotique du quart de leurs revenus, éva-
lué à six millions, & de la cinquantiéme
partie de leurs propriétés; vous y trouverez la confirmation, & une nouvelle
élection de leurs Députés; enfin, & c'est
ici la preuve la plus formelle de la ca-
lomnie que nous avons été forcés de re-
pousser, vous y verrez, qu'au lieu de douze
personnes, dont on a prétendu que les
Assemblées étoient composées, *il s'en est
trouvé quatre-vingt*, qui ont toutes concouru à la ratification des Arrêtés qui
avoient été pris dans les précédentes Assemblées.

Voilà, MM., & vous pouvez en juger
par l'expédition des actes qui vous ont
été remis, voilà les Citoyens qu'on ca-
lomnie & que l'on poursuit avec autant d'a-
charnement. Ce sont ces mêmes Citoyens
qu'on voudroit vouer à la honte, au mépris, à l'oubli; qu'on voudroit éloigner du
milieu des Représentans de la Nation;
auxquels on voudroit interdire le droit
acquis de concourir à la formation de la
loi & de consentir la répartition de l'impôt,

Votre justice ne se laissera pas séduire par les allégations de nos ennemis; elle ne se laissera pas éblouir par leurs promesses; elle ne sera pas ébranlée par les craintes chimériques, qu'ils ont cependant le courage de présenter comme des moyens (1).

Non, MM., la justice est inaccessible à toutes les considérations: elle mettra dans sa balance l'*Homme* à côté de l'*Homme*, l'*Homme* *libre* à côté de l'*Homme* *libre*, le *Citoyen* sur la même ligne que le *Citoyen*.

Elle prononcera en faveur des Citoyens

---

(1) Croiroit-on qu'ils osent avancer que les préjugés sont au-dessus de la Loi; qu'ils sçauront bien la rendre inutile; que son exécution sera dans leurs mains, & que nulle autorité ne pourra les forcer à reconnoître, pour leurs égaux, des Gens qu'ils sont accoutumés à traiter avec le dernier mépris ?

Croiroit-on que, dans leur impuissance, quelques-uns d'entr'eux ont eu la témérité de tourner leurs regards vers une terre étrangère? comme si les Citoyens de Couleur étoient à leur disposition; comme si les Citoyens de Couleur n'avoient pas fait le serment de verser jusqu'à la dernière goutte de leur sang, pour la conservation de l'Etat, & la défense personnelle du Souverain.

de Couleur, comme elle a prononcé en faveur des Colons Blancs ; les moyens, les raisons sont absolument les mêmes.

Les Députés de S.-Domingue ont été élus à Paris.

Les Députés de la Martinique ont été élus à Paris.

Les Députés de la Guadeloupe ont été élus à Paris.

Pourquoi donc les Citoyens de Couleur ne pourroient-ils pas avoir été élus à Paris?

Les prétendus Commissaires de S.-Domingue ont fait, dans leurs Ecrits multipliés, un pompeux étalage de leurs prétendus Pouvoirs. Ils se sont fortement appuyés *de cette prétendue inspiration, qui, SUIVANT EUX, a mis leurs Commettans dans le cas d'effectuer, à deux mille lieues, ce qui se projettoit, ce qui même n'étoit pas encore arrêté dans la Capitale;* ET ILS ONT RÉUSSI.

Les Colons de la Martinique ont été plus modestes; ET ILS ONT RÉUSSI.

Les Colons de la Guadeloupe ont été beaucoup plus vrais; ET ILS ONT ÉGA-LEMENT RÉUSSI.

Ils ont dit naturellement, « qu'ils n'avoient reçu aucun Pouvoir de leur Colonie; qu'ils ne s'étoient déterminés à faire des démarches, *que parce que S.-Domingue avoit réussi.*

Pour éviter les lenteurs, que nous avons le même intérêt à prévoir, *ils ont fait, à Paris, une Assemblée* COMPOSÉE DE TRENTE-SIX PERSONNES, qui ne font pas toutes résidentes à la Guadeloupe, & dont plusieurs n'y ont point de Propriétés. Ils ont imprimé quelques Discours. Ils ont arrêté des Députations. Ils ont écrit au Roi, au Ministre de la Marine, au premier Ministre des Finances; ils ont reçu, le 8 Août 1789, une Lettre du Ministre de la Marine, qui leur annonce, que les Députés de S.-Domingue ayant été admis dans l'Assemblée-Nationale, *il est très-juste qu'ils s'y adressent, pour obtenir d'y* être représentés (1) ».

Enfin ils ont remis une Adresse à l'Assemblée-Nationale, *& ils font parvenus à faire admettre deux Députés.*

____

(1) Voyez le *Rapport* adressé à l'Assemblée Coloniale de la Guadeloupe, par M. de Curt.

Ce seroit, Messieurs, abuser de vos momens, que d'insister sur l'identité, sur l'analogie de toutes ces démarches, avec celles des Citoyens de Couleur, & plus encore sur les conséquences d'un pareil Jugement.

« 1° S.-Domingue ayant été admise, il étoit *très-juste* que les autres Colonies fussent également représentées ; *le Ministre de la Marine l'avoit annoncé.*

Mais, si cela *étoit très-juste*, par rapport aux Blancs, il l'est au moins autant pour les Citoyens de Couleur : ils doivent obtenir une Représentation quelconque. Ils y ont d'autant plus de droits, que leurs Adversaires ont été reçus ; &, qu'abstraction faite du Principe qui les appelle à la jouissance des mêmes avantages, à l'exercice des mêmes Droits, il est de toute justice qu'ils se trouvent continuellement en mesure de les attaquer, de les combattre ; de donner sur la *Constitution* qui les intéresse, les éclaircissemens qu'on ne peut attendre que des Naturels du Pays.

2° Si l'Assemblée-Nationale a pensé que

quelques Citoyens de S.-Domingue & de la Martinique avoient pu élire leurs Députés à Paris;

Si elle a jugé tout récemment, sur le rapport de *Mr Barrere de Vieuzac*, « que *trente-six Personnes*, qui ont déclaré être origi- » naires ou Propriétaires de la Guadeloupe, » avoient pu élire à Paris, & faire ad- » mettre deux Députés à l'Assemblée Na- » tionale »;

A plus forte raison doit - elle décider que les Citoyens de Couleur, qui sont trois fois plus nombreux; qui ne pouvoient ni se rapprocher dans les Colonies, ni se réunir, sans s'exposer aux peines les plus sévères, ont pu se rapprocher, s'assembler & nommer, *à Paris*, les Re- présentans qui demandent aujourd'hui leur admission.

Indépendamment de leur titre primitif, de leur droit au fonds, de l'infaillibilité des Décrets, dont ils ne cesseront de s'étayer, les citoyens de Couleur ont encore l'avan- tage d'avoir rempli toutes les formalités que l'on pouvoit exiger d'eux.

Leurs Aſſemblées ont été précédées de l'avis qu'ils en ont fait donner aux Chefs de la Commune (1); leurs délibérations n'ont été décidément commencées que lorſque les Blancs ont refuſé de s'unir à eux ; les Miniſtres du Roi ont été prévenus; l'Aſſemblée Nationale les a déjà reçus, elle a décrété en leur faveur la liberté d'aſſiſter à la Séance, dans laquelle ils ont été admis ; Leurs Majeſtés ont bien voulu recevoir, agréer leurs hommages ; le 22 Octobre 1789, les Citoyens de Couleur ont eu l'honneur de leur être préſentés; MONSIEUR a également conſenti à les recevoir ; en un mot, ils ont fait tout ce qui étoit en leur pouvoir : ils ont fait autant & plus que les Commiſſaires, les Députés des Colons Blancs; ils ſe préſentent avec les mêmes titres, les mêmes droits, le même zèle, & certainement avec plus d'intérêt & de néceſſité. Pourquoi donc y auroit-il, dans la déciſion,

____

(1) M. le Maire & M. le Commandant Général en ont été informés.

une différence qui ne se trouve ni dans les principes, ni dans les faits?

Recevez, Messieurs, l'hommage respectueux que nous devons à vos lumières, & sur-tout au patriotisme qui vous soutient au milieu des fonctions honorables & pénibles, que nous ambitionnons de partager.

Nous sommes avec la plus profonde vénération.

MESSIEURS,

Vos très-humbles & très-obéissants serviteurs.

DE JOLY; RAIMOND, *aîné*; OGÉ, *jeune*; DU SOUCHET DE SAINT - RÉAL ; HONORÉ DE SAINT-ALBERT, *Habitant de la Martinique*; FLEURY.

Commissaires & Députés des Citoyens de Couleur des Isles & Colonies Françoises.

Paris, ce 23 Novembre 1789.

De l'Imprimerie de LOTTIN *l'aîné* & LOTTIN *de* S.-Germain, Imprimeurs-Libraires Ordinaires de la Ville, rue S.-André-des-Arcs, (N°27) *Nov.* 1789.